욱신욱신 이게 다 충치 때문이야

글_ 김은중

'작은어린이도서관'과 '동화읽는어른모임'에서 자원 활동을 하며 어린이 독서 문화 운동에 참여해 왔습니다. 제1회 김만중 문학상 동화 부문 최우수상을 받으며 등단했으며 푸른책들 푸른 문학상 '새로운 작가상'을 수상하고 한국문화예술위원회 아르코 창작 지원금을 받았습니다. 지은 책으로는 《특명! 이어도를 지켜라》, 《책 읽어 주는 아이, 책비》, 《좋은 말로 할 수 있잖아!》 등이 있습니다.

그림_ 플러그

플러그는 아이들을 위한 동화책, 어학 교재 등 각종 디지털 교육 콘텐츠에 들어가는 일러스트, 삽화, 캐릭터, 학습 만화 등을 제작하는 회사입니다. 여러 노하우를 기반으로 최근에는 웹툰, 카툰 등의 자체 콘텐츠를 기획 및 제작하고 있습니다.

감수_ 이재천

"어린이들의 밝은 웃음이 우리의 보람입니다."
국내에서 처음으로 어린이치과를 개원하여 24년째 cdc어린이치과 대표 원장으로 진료 중입니다. 서울대학교 치과대학을 졸업하고, 동 대학 겸임 부교수를 역임 중이며 아시아소아치과학회 이사, 대한소아치과학회 부회장 등 다양한 활동을 통해 소아 치과 진료를 위해 힘쓰고 있습니다.

일 년 내내 튼튼하게 건강동화 05 이 닦기

욱신욱신 이게 다 충치 때문이야

ⓒ 김은중, 2015

1판 1쇄 발행 2015년 11월 10일 | **1판 3쇄 발행** 2025년 7월 25일

글 김은중 | **그림** 플러그 | **감수** 이재천
펴낸이 권준구 | **펴낸곳** (주)지학사
편집장 김지영 | **편집** 박보영 이지연 | **디자인** 최지윤 이혜리
마케팅 송성만 손정빈 윤술옥 이채영 | **제작** 김현정 이진형 강석준 오지형
등록 2010년 1월 29일(제313-2010-24호) | **주소** 서울시 마포구 신촌로6길 5
전화 02.330.5263 | **팩스** 02.3141.4488
홈페이지 www.jihak.co.kr/arbol | **블로그** blog.naver.com/arbolbooks
ISBN 979-11-85786-53-7 74810
ISBN 979-11-85786-39-1 74810(세트)
잘못된 책은 구입하신 곳에서 바꿔 드립니다.

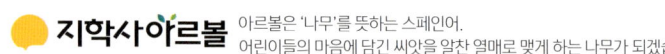
아르볼은 '나무'를 뜻하는 스페인어.
어린이들의 마음에 담긴 씨앗을 알찬 열매로 맺게 하는 나무가 되겠습니다.

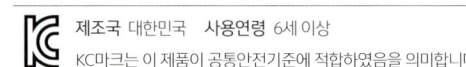
제조국 대한민국   사용연령 6세 이상
KC마크는 이 제품이 공통안전기준에 적합하였음을 의미합니다.

추천의 말

이 닦기, 매일매일 지켜야 할 중요한 습관입니다.

　건강한 음식을 먹고 이를 잘 닦는 것은 평생 가는 가장 중요한 습관 중 하나입니다. 그런데 어린이들은 이 닦는 것을 부모님이 시켜서 마지못해 하는 경우가 많습니다.

　신발 끈을 자기 손으로 맬 수 있을 정도로 자라기 전에는 어린이가 스스로 양치를 하더라도 부모님이 추가로 이를 닦아 주셔야 합니다. 아직 손동작이 섬세하지 못해 제대로 구석구석 치아를 닦아 낼 수 없기 때문이지요. 손동작이 섬세해지면 제대로 이 닦는 방법을 가르쳐 주세요. 치아가 자라는 방향으로 쓸면서 칫솔이 치아 면을 적어도 20회 이상 지나도록 닦아야 합니다. 직접 가르치기 어렵다면 가까운 치과나 보건소에 데려가 배우게 해 주세요.

　이 시기에 생긴 습관이 평생 이어져 일생의 치아 건강을 결정짓습니다. 아울러 이를 잘 닦는 습관을 익히면서 어린이는 자기 몸을 소중하게 여기고 지켜 나가야 한다는 것까지 느끼게 될 것입니다. 어린이들은 항상 부모님을 거울처럼 보고 배웁니다. 부모로서 솔선수범을 보여 주시고 같이 이를 닦아 주세요.

　이를 닦는 것만큼이나 중요한 것은 이 건강에 좋은 음식을 먹는 습관입니다. 대개 치아에 좋은 음식은 온몸의 건강에도 좋은 음식인데, 특히 채소는 치아에 붙은 음식 찌꺼기를 닦아 주는 역할을 합니다. 아이가 신선한 채소를 즐길 수 있도록 입맛을 길들여 주시고, 설

탕이 들어 있는 음식이 어떻게 치아와 몸에 좋지 않은지 알려 주세요. 물을 많이 마시는 것도 도움이 됩니다.

　아르볼에서 나온 일 년 내내 튼튼하게 건강 동화 시리즈 5권《욱신욱신 이게 다 충치 때문이야》는 2학년 김찬란을 통해 이 닦기의 중요성을 일깨워 주고, 어린이들의 눈높이에서 치아의 중요성과 경각심을 느끼게 해 줍니다. 이 책은 혼자 이 닦기를 배울 시기의 어린이들에게 실천 동기를 주는 좋은 길잡이가 될 것입니다. 부모님과 같이 읽기를 강력히 추천합니다.

— cdc어린이치과 대표 원장·치학 박사 이재천

작가의 말

로봇 이는 싫어!

　이만 보면 나는 꼭 인조인간, 로봇 같아요. 어금니 대부분이 금이나 사기로 만든 보철이거든요. 앞니도 썩어서 치료를 받았고요. 멀쩡한 이가 없을 정도랍니다.
　이가 왜 이렇게 되었냐고요? 부끄럽지만 어릴 때 이를 잘 안 닦아서 그렇답니다. 그뿐 아니라 이에 해로운 생활 습관을 가지고 있었어요. 초콜릿이나 과자, 탄산음료같이 단 음식을 좋아하고 뼈에 좋은 우유나 멸치 같은 건강 음식은 싫어했어요. 게다가 딱딱한 걸 깨물 때도 조심하지 않았지요. 또 치과에 가기 싫어서 이가 다 썩을 때까지 꾹꾹 참았지 뭐예요. 결국 지금은 이가 아주 엉망이 되었어요. 그러다 보니까 말할 때도 자신이 없고 잘 웃지도 않게 되었어요.
　이를 생각하면 정말 울고 싶답니다. '어릴 때 이 좀 제대로 닦을걸' 하고 후회해도 지금은 소용없어요. 머지않아 이를 몽땅 뽑고 틀니를 해야 할지도 몰라요. 여러분은 아직 늦지 않았으니까, 지금부터 이를 잘 관리하세요. 충치균에게 우리의 이를 점령당하지 않도록 말이에요.

아침 먹고 점심 먹고 저녁 먹고 그리고 자기 전에도 꼭 이를 닦아야 한답니다. 귀찮다고 생각하지 말고 꼼꼼히 자주 닦으세요. 그냥 슥슥 닦으면 안 돼요. 올바른 방법으로 구석구석 칫솔질해야 해요. 그리고 이를 튼튼하게 해 주는 칼슘이 풍부한 음식을 먹어야 해요.

이가 튼튼하고 가지런하면 사람들에게 좋은 인상을 줄 수 있어요. 여러분이 튼튼한 이를 가지고 활짝 웃기를 응원합니다.

밝고 건강한 웃음을 위해, 지금 양치질하러 출발!

– 건강 지킴이, 작가 김은중

안녕, 난 2학년 2반의 김찬란이야.
나는 이 닦는 게 정말 귀찮아.
왜 하루에 몇 번씩이나 양치질을 해야 해?
엄마가 잔소리를 하면 슥슥 닦는 척만 할 거야.
그런데 얼마 전부터 이가 욱신욱신하고
바늘로 콕콕 찌르는 것처럼 아파.
교장 선생님은 이를 잘 안 닦으면
이 빠진 귀신이 될 수도 있대.
에이, 설마 그러겠어?

달콤한 사탕, 초콜릿, 과자 좋아!
톡톡 쏘는 탄산음료 좋아, 좋아!
하지만 음식을 먹고 나서
이 닦는 건 정말 싫어, 싫어!

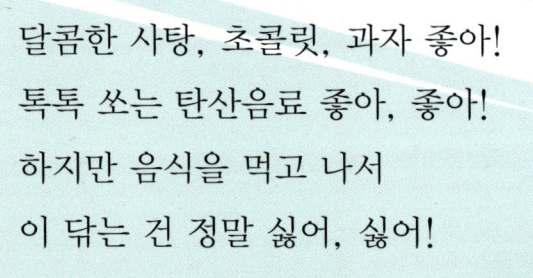

칫솔을 입에 넣으면 토할 거 같은걸.
매운 치약도, 부글부글 거품도 싫어.
눈곱만큼만 치약을 짜서 이를 대충 문지르면
엄마는 귀신같이 알고 잔소리를 해.
"구석구석 잘 닦아야지!"
하루에도 몇 번씩이나 잘 닦으라니,
정말 너무해.

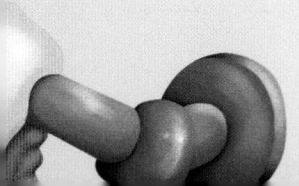

꼭꼭 숨어라, 칫솔에게 들킬라.
"찬란아, 이 닦아야지!"
"으악, 이 닦기 괴물이다!"
엄마가 칫솔을 들고 쫓아오면 요리조리 도망을 쳐.
"양치질 안 하면 이 썩어!"
엄마가 겁을 주어도 이 닦기는 정말 싫어!
나는 입을 꾹 다물고 고개를 흔들었어.
절대, 절대 이 안 닦을 거야!

그러던 어느 날,
게임왕 마봉구가 얼굴을 찡그리며 말했어.
"김찬란, 네 입에서 썩은 방귀 냄새 나!"
"입이 똥꼬도 아닌데 어떻게 방귀 냄새가 나냐?"
나는 봉구를 흘겨보았어.
봉구는 만날 게임만 하더니 코까지 이상해진 게 분명해.
그런데 어디선가 구릿한 냄새가 나지 뭐야.
어제도 오늘도 이 안 닦았는데
정말 내 입에서 방귀 냄새가 나는 걸까?

나는 얼른 사탕을 입에 넣고 아드득 깨물었어.
이제 입 냄새 안 나겠지?
"앗!"
갑자기 이가 바늘로 쿡쿡 쑤시는 것처럼 아팠어.
"찬란아, 어디 아프니?"
고민델라 선생님이 물었어.
나는 입을 꾹 다물고 고개만 절레절레 흔들었지.
이가 아프다고 하면 치과에 가야 하잖아.
치과는 생각만 해도 무서운걸. 절대 가지 않을 거야.
그런데 이가 점점 더 아프지 뭐야, 왜 이럴까?

이가 아파서 아무것도 하기 싫은데
고민델라 선생님이 심부름을 시키지 뭐야.
"교장 선생님께 서류 좀 갖다 드리렴."
하는 수 없이 서류를 받아 교실을 나왔어.
그런데 갑자기 복도가 어두컴컴해지면서
바람이 불고 소나기가 무섭게 내렸어.
"으으으, 귀신 나올 거 같아."
털이 쭈뼛 서고 소름이 돋았어.
왠지 무시무시한 일이 벌어질 것 같아.

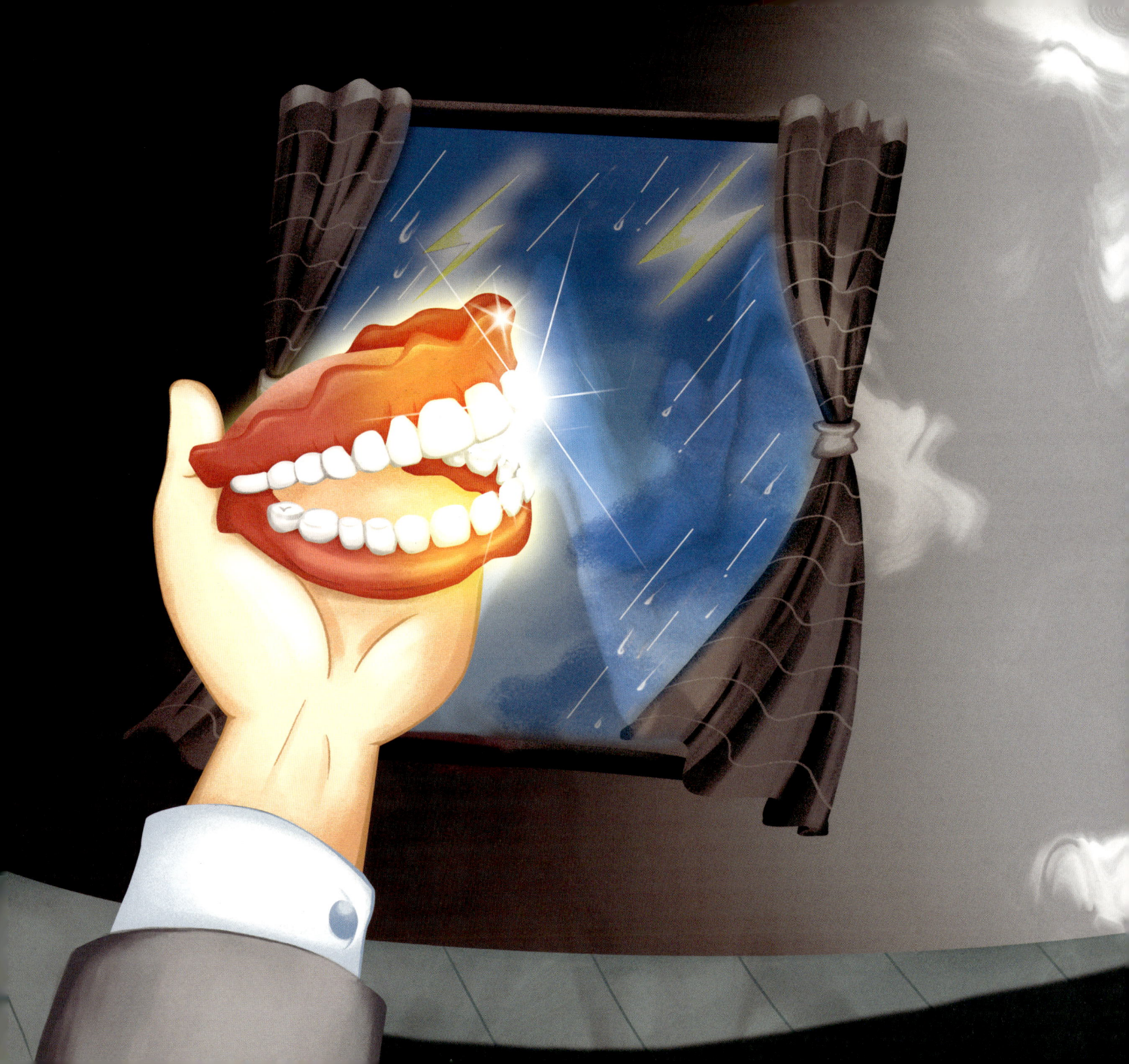

끼이익, 교장실 문이 저절로 열렸어.
교장실 안은 귀신이 나올 것처럼 으스스했지.
"교장 선생님, 심부름 왔어요."
"그으래, 드으러 오너라."
우물우물 이상한 소리가 들렸어.
만약 교장 선생님이 아니라 귀신이면 어쩌지?
살금살금 안으로 들어가는데
번개가 뻔쩍이고 우르릉 쾅쾅 천둥이 쳤어.
그때, 커다란 이를 손에 들고 있는
시커먼 그림자가 불쑥 튀어나왔어!
"아아악! 이 빠진 귀신이다!"
나는 놀라서 주저앉고 말았지.

입이 쪼글쪼글한 교장 선생님이
틀니를 입안에 쑤욱 넣고 나서 말했어.
"틀니 닦으려고 한 건데……."
이 빠진 귀신은 바로 교장 선생님이었던 거야.
"많이 놀랐니?"
"아니요, 괜찮아요!"
겁쟁이로 보이기 싫어서 큰 소리로 대답했어.
그런데 갑자기 교장 선생님이 나를 흘겨보지 뭐야.
왜 그러는 걸까?

교장 선생님이 엄한 표정으로 말했어.
"너, 양치질 제대로 안 하는구나!"
"어, 어떻게 아셨어요?"
"어휴, 입 냄새. 어디 입 좀 벌려 보렴."
입을 벌리자 교장 선생님이 치과 의사처럼 입안을 들여다보았어.
"이런, 플라크★와 치석★이 잔뜩 있네. 이러니 입 냄새가 심하지!"
"플라크와 치석이 나쁜 거예요?"
"당연하지! 플라크에는 충치균이 득실거려. 치석은 잇몸병을 일으키고."
갑자기 입안이 텁텁하게 느껴지고 기분도 나빠졌어.

★ 플라크(치태)란?
이 표면에 허옇게 생기는 끈끈한 띠예요. 여기에 충치균이 붙어살지요.

★ 치석이란?
플라크가 딱딱하게 된 띠예요. 치석이 쌓이면 염증이 생겨 잇몸이 붓고 피가 날 수 있어요.

이가 다시 욱신욱신 아팠어.
나는 볼을 감싸 쥐고 교장 선생님께 물었지.
"그럼, 플라크랑 치석 때문에 이가 아픈 거예요?"
"플라크에 살고 있는 충치균이 이를 썩게 해서 아픈 거야."
이 못된 충치균들, 내 이를 공격하다니!
나는 화가 나서 물었어.
"충치균은 어떻게 물리쳐요?"
"튼튼한 군인을 보내면 되지!"
말도 안 돼! 어떻게 군인을 입안에 보낸다는 걸까?

교장 선생님이 칫솔과 치약, 양치 컵을 들고 왔어.
"충치균을 물리치는 군인들이란다!"
"에이, 시시해!"
"모르는 소리! 이만 잘 닦아도 플라크를 없앨 수 있는걸!
양치질을 안 하거나 대충 하니까 플라크가 생기는 거야."
대충대충 양치질 대장인 나는 가슴이 뜨끔했어.
"다른 방법은 없어요?"
"자일리톨 성분이 들어 있는 껌을 씹거나
구강 세정제로 입을 헹구는 것도 도움이 돼.
이 사이를 닦으려면 치실을 사용해야 해.
하지만 양치질을 함께 해야 더 깨끗해진단다!"

"올바른 양치 방법을 알려 줄 테니 잘 보렴!"
교장 선생님이 칫솔을 가져와서 직접 시범을 보여 주었어.
"먼저 잇몸과 이 사이를 잘 닦은 다음 윗니는 아래로 쓸어내리고,
아랫니는 위로 쓸어 올려. 이 안쪽과 씹는 면, 혓바닥도 꼼꼼히 닦아!"
교장 선생님의 시범을 보니까 나도 잘할 수 있을 거 같았어.
그때 교장 선생님이 눈을 번뜩이며 소리쳤어.
"음식을 먹고 나서도, 잠자기 전에도 이 닦기! 이 닦기! 이 닦기!"
아이코, 깜짝이야!
네, 네, 앞으로는 이 잘 닦을게요.

좋아, 이제 올바른 양치 방법으로
플라크와 치석을 모조리 무찔러 주겠어.
"양치질만 잘하면 튼튼한 이를 가질 수 있는 거죠?"
나는 주먹을 꼭 쥐고 교장 선생님에게 물었어.
"아니, 지켜야 할 일이 또 있어!"
"양치질 말고도 또 할 게 있다고요?"
"당연하지! 단 음식은 줄이고 이에 좋은 음식을 골고루 먹어야 해.
이가 깨지거나 부러질 수도 있으니까 딱딱한 음식을 먹을 때는
항상 조심하고. 그리고 또."
줄줄줄 말하던 교장 선생님이 말을 딱 멈추고 나를 바라보았어.
흡, 기분이 오싹했어.

교장 선생님이 눈을 부리부리하게 뜨며 말했어.
"꼭 치과에 가야 해!"
"으으으, 저 이 안 아파요."
"이가 아프지 않아도 치과에 가서 검사를 받아야 해.
썩은 이를 그대로 놔두면 어떻게 되는지 아니?"

나는 고개를 절레절레 흔들었어.
"이 빠진 귀신처럼 된다!"
교장 선생님이 틀니를 빼서 나에게 쑤욱 내밀었어.
"으아악, 싫어!"
나는 비명을 지르며 교장실을 뛰쳐나왔어.

수업이 끝나고 엄마와 함께 치과에 갔어.
이 빠진 귀신이 되기는 싫었거든.
"이런, 젖니★라 빠지겠지만 충치 치료를 해야겠는걸."
치과 의사 선생님이 말했어.
"치료하면 이제 안 썩어요?"
"아니, 치료를 해도 관리를 잘해야만 다시 썩지 않는단다."
이는 정말 꾸준히 관리해야 하나 봐.
지독한 충치균들에게 또 질 수는 없지!
젖니도 영구치★도 앞으로는 절대로 썩지 않게 할 거야.

★ 젖니(유치)란?

태어난 후 6개월부터 3세까지 나는 20개의 이예요.
영구치가 날 때가 되면 흔들리다가 빠지게 되지요.

★ 영구치란?

7살 즈음부터 약 6년 동안 나는 이예요.
보통 32개가 나는데 사랑니가 나지 않으면 28개만 나기도 해요.

⭕ 더 알고 싶다면 동화 뒤의 정보 페이지를 보세요!

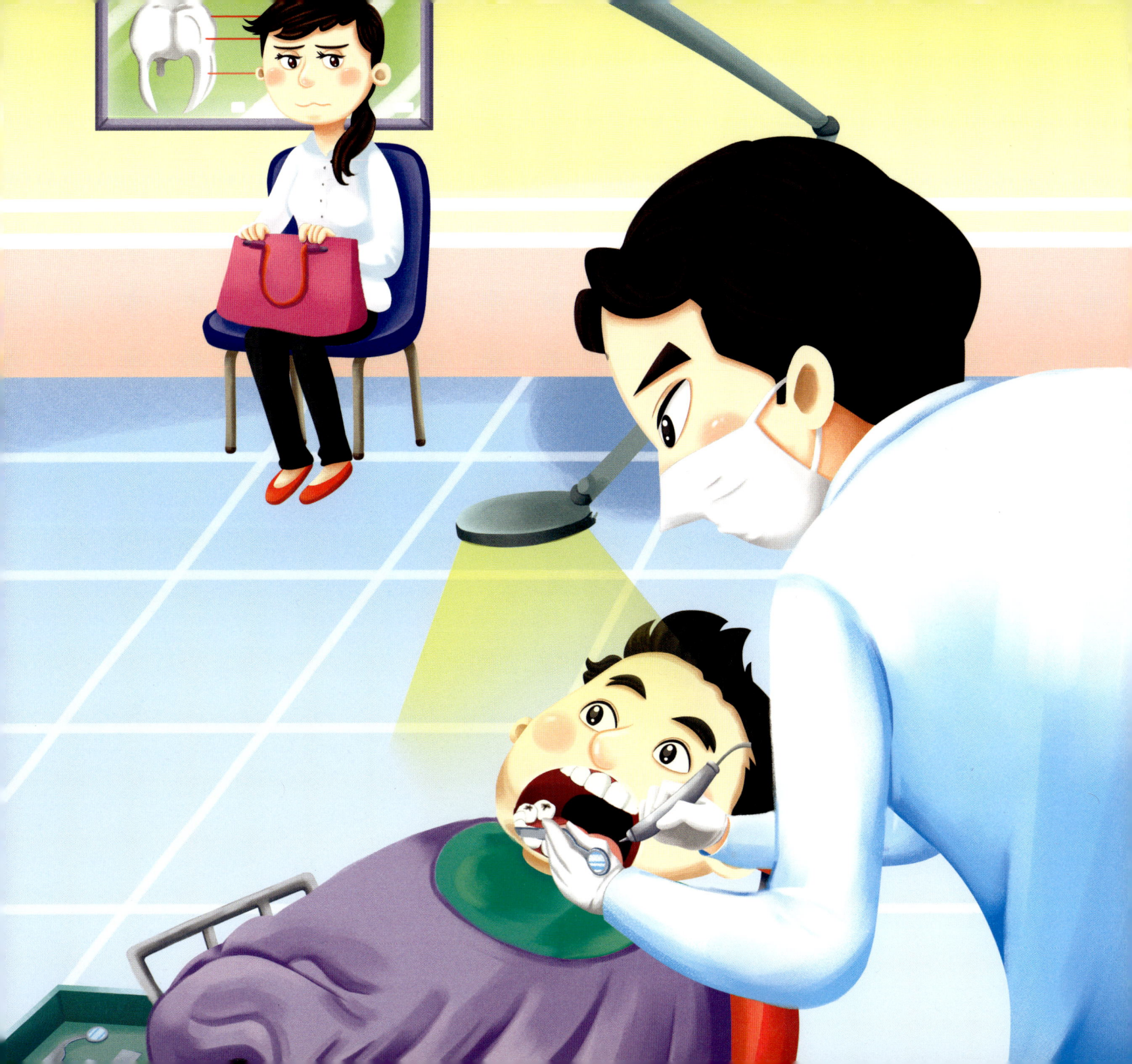

충치 치료도 받고 플라크랑 치석도 없앴어.
아프기는 했지만 마음을 단단히 먹고 꾹 참았어.
"정말 씩씩한걸!"
간호사 선생님한테 칭찬을 들으니까 기분이 좋았어.
이제는 치과가 하나도 무섭지 않아.
"플라크랑 치석이랑 무찌르고 이를 잘 지킬 거예요!"
치과 의사 선생님이 맞장구를 쳤어.
"그럼, 우리 이는 소중하니까 정말 잘 지켜야지!"
나는 이 닦기 대장이 되기로 마음먹었어.
이 빠진 귀신은 절대로 되지 않을 거야!

이 닦기 대장 나가신다, 길을 비켜라!
나는 이를 구석구석 잘 닦고 학교에 갔어.
"찬란이가 오늘은 기분이 좋아 보이네."
고민델라 선생님이 말했어.
"네, 저는 이제 이 닦기 대장이거든요!"

"멋진걸. 그럼 찬란이가 친구들에게
이 닦기를 알려 주면 좋겠다."
나는 이제 2학년 2반 이 닦기 선생님이야.
이에 대해 궁금하면 나에게 물어봐.
내가 무엇이든 알려 줄게!

궁금해요! 알려 주세요 Q&A

잇몸에서 피가 났어요! 어떡하죠?

치석 때문에 염증이 생기면 잇몸이 붓고 피가 날 수 있어요.
플라크가 딱딱해진 게 치석인데, 양치질로 없애긴 힘들지요.
먼저 치과에서 검사를 받고 치석 때문이라면
스케일링으로 없애야 해요. 평소에 음식을 먹은 뒤
바로 양치를 하면 플라크와 치석이 생기는 걸 막을 수 있답니다.

이가 흔들리는데 왜 그런 걸까요?

아기 때 생긴 젖니가 빠지고 영구치가 나려고 하는 거예요.
젖니는 제때 잘 빼는 게 중요해요. 너무 일찍 빼거나 늦게 빼면
영구치가 삐뚤빼뚤하게 나거든요.

젖니는 왜 빠지나요?

몸은 점점 자라지만 이는 자라지 않고 그대로 있기 때문이에요.
몸에 맞게 더 크고 단단한 영구치에게 젖니가 자리를 양보하는 거지요.
젖니와 달리 영구치는 뽑아도 새 이가 나지 않아요.
평생 써야 하는 만큼 소중하게 관리해야겠죠?

건강한 이를 만드는 방법!

이에 해로운 습관

하나, 얼음을 아드득 깨물어 먹나요?
안 돼요! 딱딱해서 이가 부서질 수 있어요.

둘, 병뚜껑이나 과자 봉지를 이로 뜯는다고요?
안 돼요, 안 돼! 이와 잇몸이 상해요.

셋, 사탕, 과자, 탄산음료가 맛있다고요?
안 돼요! 당분을 먹고 힘이 세진 충치균이
이를 썩게 해요.

넷, 양치질을 빨리 한다고요?
안 돼요! 3분 이상 닦아야 이가 깨끗해져요.

이에 좋은 습관

하나, 우유와 멸치를 많이 먹어요.
칼슘과 단백질이 이를 튼튼하게 해 줘요.

둘, 채소와 과일을 먹어요!
안에 들어 있는 식이 섬유가 빗자루처럼
이에 붙어 있는 찌꺼기를 씻어 주거든요.

셋, 물을 자주 마셔요!
음식 찌꺼기와 충치균을 씻어 주니까요.

넷, 치과 정기 검진으로 이가 건강한지 확인해요.
이에 불소를 바르고, 어금니에 있는 홈을 실란트라는
물질로 메워서 충치를 예방해요.

| 11월 11일 수요일 갑자기 비 | 제목 : 이 빠진 귀신은 물러가라! |

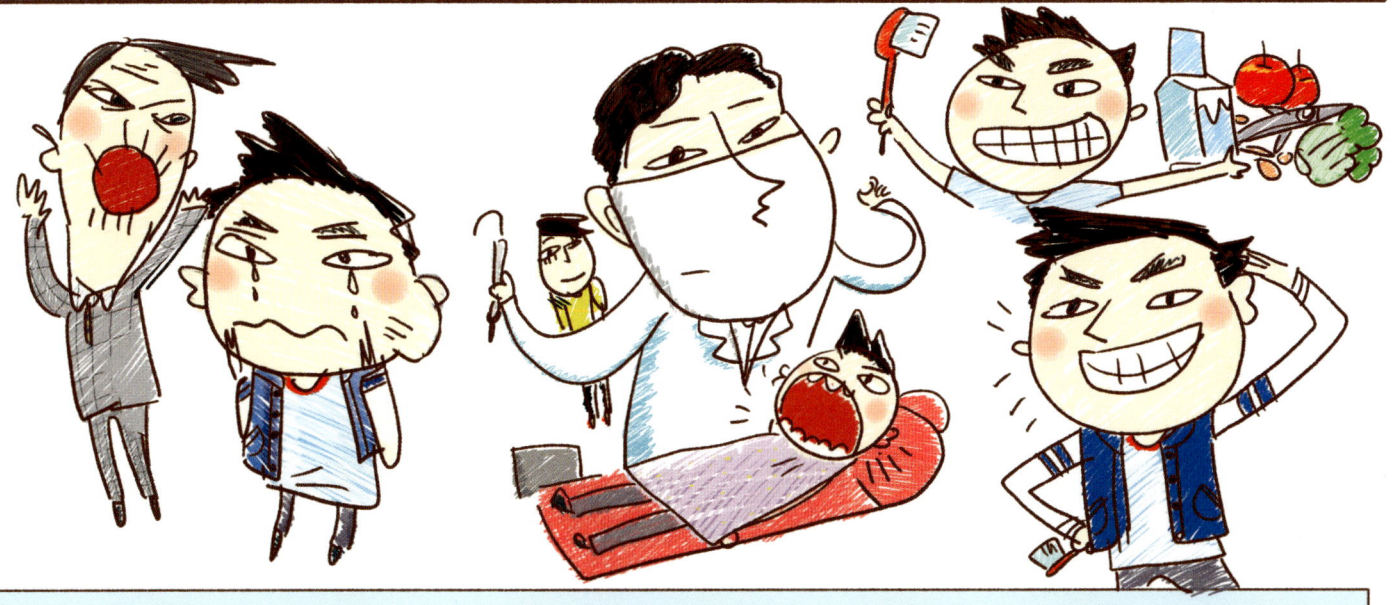

틀니 뺀 교장 선생님은 꼭 이 빠진 귀신 같았다.

교장 선생님은 나도 이를 잘 안 닦으면 이 빠진 귀신이 된다고 했다.

나는 이 빠진 귀신이 되기 싫어서 엄마와 함께 치과에 갔다.

치과 의사 선생님이 플라크랑 치석도 없애 주고 충치도 치료해 주었다.

많이 아프지는 않았다. 이제부터 튼튼한 이를 위해

음식도 골고루 먹고 양치질도 잘할 거다. 나는 이 닦기 대장이니까!

게임 중독 힐 년 내내 **튼튼**하게 **건강 동화**

**6권 〈스마트폰 게임 중독〉 편에서는
게임왕 봉구를 만나요.**

봉구는 숙제할 때도
밥 먹을 때도 똥 눌 때도
온통 게임 생각뿐이에요.
친구들과 놀거나 책 읽는 것은
시시하게 느껴지지요.
오늘도 봉구는 하루 종일 게임만 했어요.
게임왕 봉구, 이대로 괜찮을까요?

세상에서 게임이 제일 재밌어!